Martin Stiefenhofer

55 TIPPS...

wie Ihr Kind sich besser konzentrieren kann

W0171171

CHRISTOPHORUS

55 TIPPS ...

wie Ihr Kind sich besser konzentrieren kann

Ablenkung und Konzentration

Kinder sind neugierig, interessiert, aktiv und bewegungs-
freudig. Diese Eigenschaften sind wichtige Voraussetzungen für ihre Entwicklung, denn sie lernen täglich Neues
und erforschen unermüdlich ihre Umgebung. Es ist also
ganz natürlich, dass Kinder auf alle Reize reagieren, sich
bereitwillig neuen Dingen zuwenden – und sich schnell
ablenken lassen. In unserer heutigen schnelllebigen Zeit
voller Angebote und auch Anforderungen kommt die För-
derung der Fertigkeit, sich konzentriert mit etwas zu
beschäftigen, zu kurz. Wenn für ihr Kind der Zeitpunkt der
Einschulung näher rückt, wird Eltern bewusst, dass Aufmerksamkeit und Sich-konzentrieren-Können wichtige Voraussetzungen für den schulischen Erfolg sind. Spätestens

dann sollte ein Kind in der Lage sein, Dinge gründlich zu betrachten, Spiele bis zum Ende mitzumachen und sich eine Zeitlang mit einer Sache zu befassen, ohne sich ablenken zu lassen. Mit den Tipps, Übungen und Spielen in diesem Buch lernt Ihr Kind, sich besser zu konzentrieren. So können Sie Ihr Kind zwanglos und spielerisch anleiten, Eindrücke intensiver aufzunehmen, Gedanken länger zu verfolgen und Ereignisse besser zu verarbeiten. Ihr Kind entwickelt dadurch die Fähigkeit, sich hingebungsvoll und lange mit einer Angelegenheit zu beschäftigen.

1. Ganz bei der Sache: Konzentration mit allen Sinnen

Aufgeweckte, neugierige Kinder nehmen tagtäglich viele Sinneseindrücke auf. Immer gibt es etwas zu riechen, zu sehen, zu hören, zu schmecken oder anzufassen und meist fesselt ein Sinneseindruck die Aufmerksamkeit nur kurz, weil sich schon wieder viele andere Eindrücke aufdrängen und wahrgenommen werden wollen. Bei der bewussten Beschränkung lernt Ihr Kind eine Sache tiefer und intensiver kennen, einen bestimmten Aspekt in den Vordergrund und ihn in den Mittelpunkt der Aufmerksamkeit zu stellen. So übt Ihr Kind die Fähigkeit, konzentriert bei einer Sache zu bleiben, im spielerischen Umgang mit Klängen, Tönen und Instrumenten, mit Geschmacksspielen, Bildergeschichten und Suchrätseln. Das bewusste Ausschalten anderer

Sinne bzw. Empfindungen fällt Ihrem Kind vielleicht zunächst nicht ganz leicht, aber je mehr es sich auf ein gezieltes Wahrnehmen einlässt, desto reicher und interessanter werden die Erfahrungen, die es dabei macht.

Wichtig für diese Form der Konzentrationsschulung ist, dass auch Sie selbst Ihrem Kind eine konzentrierte Sinnes-Aufmerksamkeit vorleben. Riechen Sie an einem Apfel mit geschlossenen Augen, nehmen Sie bewusst seinen Duft und seinen Geschmack wahr, lauschen Sie hingebungsvoll einem Musikstück oder der Amsel, die im Frühjahr ihren betörenden Gesang erklingen lässt. Die Wertigkeit der Eindrücke wird so verstärkt und Ihr Kind lernt durch Anschauung im täglichen Leben, dass bewusste Konzentration ein Mehr an Erleben und Aufnehmen bedeutet.

Tipp 1

WAS FEHLT?

Eine Herausforderung an das Konzentrationsvermögen stellt das folgende Spiel dar. Mehrere Gegenstände werden auf den Tisch gelegt, einer nach dem anderen. Dann betrachtet sich Ihr Kind die Gegenstände genau und dreht sich um. Sie nehmen einen Gegenstand weg. Jetzt darf Ihr Kind wieder schauen und muss herausfinden, welcher Gegenstand fehlt. Mit nur wenigen Gegenständen ist das Spiel leicht, vor allem dann, wenn die Dinge in einer gewissen Ordnung gelegt werden und die Lücke sofort erkennbar ist. Schwieriger wird es, wenn immer mehr Gegenstände ins Spiel kommen.

Tipp 2

BILDERSUCHE

Mit ein paar alten Zeitschriften und einem Stift lässt sich eine aufmerksamkeitsfördernde und zugleich kurzweilige Bildersuche veranstalten. Geben Sie Ihrem Kind dazu einen Stift in die Hand und legen Sie fest, was gesucht werden soll. Das können unterschiedliche Dinge bis hin zu kleinen Details sein. Relativ einfach ist es bei-spielsweise, alle Hunde in einer Zeitschrift zu finden. Schwieriger wird es bei der Suche nach Brillen oder Ringen. Je nach Alter Ihres Kindes beginnen Sie mit ein-fachen Suchaufgaben und steigern dann den Schwierigkeitsgrad. Nach jedem Durch-gang blättern Sie gemeinsam die Hefte durch und begutachten die Fundstellen.

Tipp 3

WÄRMER ODER KÄLTER?

Temperaturunterschiede zu fühlen ist
ziemlich schwer. Stellen Sie ein Schüsselchen mit zimmerwarmem Wasser auf. In
dieses Schüsselchen steckt Ihr Kind seine
Hand. Nun bringen Sie eine zweite Schüssel mit Wasser, das eine deutlich andere
Temperatur hat. Ihr Kind taucht seine Hand
in diese Schüssel und entscheidet, ob es
kälter oder wärmer ist. Ein Thermometer
gibt Auskunft, ob es richtig gefühlt hat.
Danach kommt die Hand wieder in das
Schüsselchen mit dem zimmerwarmen
Wasser, bevor Sie erneut ein Schüsselchen
mit Wasser einer anderen Temperatur
bringen. Der Vergleich zum zimmerwarmen Wasser macht
die Unterscheidung zwi-
schen wärmerem und
kälterem Wasser
relativ einfach.
Schwieriger wird es,
wenn eine Reihe von
Schüsselchen nach der
Temperatur des Wassers
geordnet in eine Reihe gestellt
werden soll.

Tipp 4

FERNSEH-DETEKTIV

Selbst bei eher langweiligen Quizsendungen oder Fernsehnachrichten lässt sich spielerisch die Konzentration üben. Betrachten Sie mit Ihrem Kind die handelnden bzw. sprechenden Personen. Welche besonderen Eigenschaften weisen sie auf? Vielleicht zuckt der eine Schauspieler immer mit einem Augenlid oder nickt auf ganz eigentümliche Weise. Vielleicht betont der Sprecher ein Wort immer auf eine ganz besondere Art. Animieren Sie Ihr Kind dazu, auf solche Kleinigkeiten zu achten und ihr Vorkommen zu registrieren. Nach einer Weile tauscht man sich aus, wer welche Details entdeckt hat, und beobachtet gemeinsam weiter.

Tipp 5

LOCKRUF

Beim Einkaufen in einem großen Kaufhaus oder während eines Spaziergangs im Wald lässt sich dieses Lauschspiel spielen. Horchen Sie gemeinsam mit Ihrem Kind auf einen ganz bestimmten Ton innerhalb der Geräuschkulisse, auf einen bestimmten, immer wiederkehrenden Vogelruf unter dem vielstimmigen Gezwitscher der Vögel und dem Rauschen des Windes in den Bäumen. Dieser Ton oder Ruf wird nun zum Lockruf erklärt, und gemeinsam versuchen Sie, ihm zu folgen. Lassen Sie Ihr Kind die Führung übernehmen und vertrauen Sie sich seinem konzentrierten Lauschen an. Das ist eine Herausforderung für das Gehör und die Konzentrationsfähigkeit. Das Erfolgserlebnis ist groß, wenn Ihr Kind die Quelle des Lockrufs entdeckt hat.

Tipp 6

UNDER COVER

Für dieses Spiel brauchen Sie eine dünne Decke oder ein großes Tischtuch. Setzen Sie sich mit Ihrem Kind im Schneidersitz auf den Boden oder auf das Sofa und werfen Sie das Tischtuch über sich. Rücken Sie eng zusammen in dieser gemütlichen Höhle und lauschen Sie gemeinsam auf das, was zu hören ist. Am deutlichsten werden Sie das eigene Atmen wahrnehmen. Atmen Sie also gleichmäßig und leise und konzentrieren Sie sich darauf, welche Geräusche „von draußen" zu hören sind. Lassen Sie Ihr Kind auch sein Ohr an Ihren Bauch und an Ihre Brust legen. Was gurgelt im Bauch? Wie schlägt das Herz? Wie hört es sich an, wenn Sie einen tiefen Brummton von sich geben? Unter dieser „Horchdecke" entsteht eine Atmosphäre entspannter Aufmerksamkeit.

Tipp 7

GRÖSSER ODER KLEINER?

Aus dickem Karton werden fünf Quadrate in verschiedenen Größen ausgeschnitten. Die Größenunterschiede können gering sein, denn beim Übereinanderlegen der Quadrate ist schnell erkennbar, welche größer und welche kleiner sind. In der ersten Spielrunde geht es darum, die Quadrate von klein nach groß in einer Reihe nebeneinander auf den Boden zu legen. Dabei soll Ihr Kind nur durch Betrachten die Größenunterschiede feststellen, nicht durch Aufeinanderlegen der Formen. Mit geschlossenen Augen wird in der zweiten Runde wiederum die Reihe von klein nach groß gelegt. Jetzt ist Ihr Kind darauf angewiesen, die Quadrate durch Übereinanderlegen zu vergleichen und in die richtige Reihenfolge zu bringen. Was mit Quadraten noch relativ einfach geht, wird mit Sechsecken oder Sternen schon deutlich schwieriger. Ihr Kind muss sich nun stärker konzentrieren, um die Formen in der richtigen Reihenfolge legen zu können.

Tipp 8

GESTALTEN UND
GESICHTER ENTDECKEN

Ein gemeinsamer Spaziergang im Wald
oder Park kann nicht nur dazu genutzt werden, sich auszutoben und viel frische Luft
zu tanken. In einer ruhigeren, konzentrierten Phase können Sie mit Ihrem Sohn bzw.
Ihrer Tochter auch einmal die Büsche und
Bäume eingehender betrachten. Lässt sich
aus einigem Abstand nicht ein Gesicht entdecken, dort auf der Rinde des Baums?
Sieht der Busch nicht aus wie eine Gestalt,
Mensch oder Tier? Ist der Blick erst
geschärft, tut die Fantasie ein Übriges, um
in Wurzeln, Blatt-
werk und Baum-
stümpfen die
unterschied-
lichsten Figu-
ren und Grimas-
sen zu entdecken.
Lenken Sie die Auf-
merksamkeit Ihres Kin-
des auf diesen Aspekt
und lassen Sie sich
dann von ihm zei-
gen, was es alles
entdeckt.

Tipp 9

GESCHMACKSVERGLEICH

Die meisten Kinder lieben Süßes und verziehen das Gesicht, wenn sie allzu salzige oder saure Speisen auf der Zunge haben. Geschmackserlebnisse für kleinere Kinder sollten Sie deshalb vor allem mit Früchten umsetzen, die von Natur aus etwas süß sind. Größere Kinder hingegen können auch ein bisschen Salz, Basilikum oder Minze kosten. Stellen Sie kleine Portionen von Früchten und Gewürzen bereit, beispielsweise Melone, Apfel, Banane, Traube, Pfirsich, Orange, Mandarine, Zwetschge, Birne, Zimt, Zucker, Mehl, Salz, Pfeffer usw.

Dann schließt Ihr Kind die Augen und Sie geben ihm ein Stück einer Frucht, ein Gewürzblatt oder etwas Gewürzpulver auf die Zunge. Es ist gar nicht so leicht, die Unterschiede etwa zwischen einer Birne und einem Apfel zu erschmecken, und Ihr Kind muss sich ganz dem Geschmackserleben widmen. Achtung: Nach intensiven Gewürzen wie Pfeffer oder Minze sind nur schwach schmeckende Früchte wie etwa Melonen schwer zu erraten.

Tipp 10

RÄTSEL-MASSAGE

Suchen Sie mit Ihrem Kind in der ganzen Wohnung verschiedene Gegenstände zusammen, etwa eine Bürste, einen Schwamm, einen Bleistift, einen Stein, eine Feder, ein Holzklötzchen, eine Puppe usw. Die Dinge werden ausgebreitet und begutachtet. Dann schließt Ihr Kind die Augen und Sie nehmen einen Gegenstand und massieren damit den nackten Arm Ihres Kindes. Je nach Gegen-

stand kann das eher behutsam oder eher kräftig geschehen. Ihr Kind muss nun den Gegenstand erraten, mit dem Sie die Massage ausgeführt haben. Dabei konzentriert es sich darauf und tut kund, was es spürt; etwa, ob sich der Gegenstand eckig oder eher rund, weich oder stachelig, kalt oder warm anfühlt. Nach drei richtig gelösten Rätsel-Massagen werden die Rollen getauscht.

Tipp 11

NASENSPAZIERGANG

Statt sich ausschließlich mit den Augen zu orientieren, kann auch die Nase wichtige Informationen darüber liefern, wo wir uns gerade aufhalten. Machen Sie die Probe aufs Exempel und unternehmen Sie gemeinsam mit Ihrem Kind einen Nasenspaziergang. Es hält die Augen geschlossen und Sie führen Ihr Kind langsam umher. Es konzentriert sich jetzt nur auf die Gerüche, die es wahrnimmt und Ihnen mitteilt. An Stellen mit besonders prägnantem Geruch bleiben Sie stehen. Ihr Kind öffnet die Augen und schaut, was da so riecht, etwa eine Bäckerei, ein Abluftschacht, eine Bau-

stelle, an der geteert wird, ein Komposthaufen, ein Baum, an dem Harz austritt, ein nasser Sandhaufen, ein Kellerabgang usw. Finden Sie gemeinsam Vergleiche, auch wenn Sie mit Ihrem Kind sonst unterwegs sind: Hier riecht es nach Äpfeln, oder: Hier riecht es wie auf dem Balkon, wenn die Sonne auf die Markise brennt usw.

Tipp 12

DAS SEHROHR

Bei einer Fülle von Eindrücken geht oft der Blick fürs Detail verloren. Um sich besser auf Einzelheiten konzentrieren zu können, sollte Ihr Kind ein Sehrohr basteln. Das Sehrohr besteht aus einer leeren Toiletten- oder Haushaltspapierrolle, die mit buntem Papier und Glasperlen beklebt wird. Betrachten Sie nun gemeinsam mit Ihrem Kind einzelne Details in der Umgebung, etwa einen bestimmten Baum, ein Haus, eine Bushaltestelle, einen Menschen etc. Das Sehrohr hilft, die störende und ablenkende Umgebung auszublenden und sich nur auf einen eng begrenzten Ausschnitt zu konzentrieren. Auch ohne Sehrohr wird Ihr Kind sich mit der Zeit besser auf Einzelheiten einlassen und diese aufmerksam beobachten können.

Tipp 13

DRUDELSPIEL

Unter der Bezeichnung „Drudel" sind sie bekannt, die Bildausschnitte, die ein Detail von meist alltäglichen Dingen zeigen. Solche Drudel können Sie mit Ihrem Sohn oder Ihrer Tochter auch selbst machen. Blättern Sie gemeinsam Zeitschriften durch. Vor allem große Bilder eignen sich dazu, dass man aus ihnen ein kleines Stück ausschneidet. Von diesem Detail aus sollte man mit etwas konzentrierter Überlegung und einem Schuss Fantasie auf das Ganze schließen können. Nach einer Übungsphase, bei der Sie gemeinsam mit Ihrem Kind Drudel suchen und ausschneiden, arbeitet jeder allein für sich weiter. Sie schneiden Drudel aus, die Sie Ihrem Kind zum Auflösen vorlegen, Ihr Kind sucht seinerseits Drudelaufgaben für Sie heraus. Die entsprechenden Seiten in den Zeitschriften werden mit einem Streifen Papier gekennzeichnet, sodass das Ergebnis sofort überprüft werden kann.

Tipp 14

FÜHLFÜSSE

Nicht nur die Hände, auch die Füße sind zum Tasten und Befühlen hervorragend geeignet, auch wenn sie dafür so gut wie nie gebraucht werden. Legen Sie einfache, nicht zu kleine Gegenstände nebeneinander vor einem Stuhl auf den Boden, etwa einen Schwamm, ein Holzklötzchen, einen Bleistift, einen Stein, einen Tannenzapfen, eine Bürste, ein Spielzeugauto etc. Diese Gegenstände werden mit einem Tuch abgedeckt, dann darf Ihr Kind auf dem Stuhl Platz nehmen und die nackten Füße unter das Tuch stecken. Vorsichtig ertastet Ihr Kind, was sich unter dem Tuch befindet. Was richtig erkannt wurde, darf herausgeschoben werden.

Tipp 15

TASTHÄNDE

Wie wichtig der Tastsinn ist, zeigt sich dann, wenn der Sehsinn nicht mehr zu Hilfe genommen werden, aber auch nicht mehr ablenken kann. Legen Sie verschiedene einfache (keine spitzen oder scharfen) Gegenstände in einen Kopfkissenbezug. Dann darf Ihr Kind beide Hände in den Bezug stecken und die Dinge befühlen. Hat es einen Gegenstand erkannt, zieht es ihn heraus und darf schauen, ob es richtig geraten hat.

Je nach Alter Ihres Kindes wählen Sie einfachere oder kompliziertere Gegenstände; für die Kinder ist dieses Spiel eine Herausforderung und sie sind mit Konzentration und Feuereifer dabei.

Tipp 16

ZWILLING SUCHEN

Bei einem Spaziergang in der Natur oder beim Spielen im Garten lassen sich viele Zwillingspaare finden. Bei diesem Spiel geben Sie einen Gegenstand vor, Ihr Kind muss einen Zwilling dazu suchen. Egal ob es sich um eine Blüte, einen Halm, ein Blatt, ein Ästchen, einen Stein, eine Kastanie etc. handelt, Ihr Kind soll entweder von der entsprechenden Pflanze ein zweites Exemplar finden, oder die Größe und Farbe des Steins, der Kastanie etc. müssen zueinander passen. Vergleichen Sie den gefundenen mit dem vorgegebenen Gegenstand und stellen Sie gemeinsam mit Ihrem Kind Ähnlichkeiten und Unterschiede fest. Je nach Alter Ihres Kindes kann die Zwillingssuche einfacher oder schwieriger ausfallen. Zum Spiel gehört natürlich auch, dass Sie zwischendurch zu einem Gegenstand, den Ihr Kind vorgibt, einen Zwilling finden müssen.

Tipp 17

ERLEBNISPFAD

Im Garten oder Hof wird ein Seil zwischen zwei Bäumen gespannt. Entlang dieses Seils wird der Boden auf verschiedene Art präpariert, sodass ein abwechslungsreicher Weg entsteht. So kann zum Beispiel ein Stück weicher Stoff und danach eine Sisal-Fußmatte ausgelegt werden, darauf kann eine Plastikbahn folgen, die mit nassen Schwämmen belegt ist, dann ein Sandbett, ein Stück mit flachen, abgerundeten Kieselsteinen, etwas Laub usw. Ihr Kind sollte sich auf diesem Weg nicht verletzen können. Mit verbundenen Augen geht Ihr Kind nun vorsichtig am Seil entlang, richtet seine Aufmerksamkeit auf den Weg und lässt sich von den Eindrücken überraschen.

Tipp 18

PUZZLE SELBST GEMACHT

Ein Bild aus vielen Einzelteilen zusammenzusetzen ist der Inbegriff von hochkonzentriertem Tun. Viel leichter fällt das Ihrem Kind, wenn es das Puzzle selbst gemacht hat und durch die Anzahl der Bildteile den Schwierigkeitsgrad selbst bestimmen kann. Suchen Sie, etwa aus einer Zeitschrift oder einem alten Kalender, gemeinsam ein Bild aus, das klare Strukturen und kräftige Farben hat. Dieses Bild wird vollflächig auf dickes Papier oder dünnen Karton geklebt. Sobald der Klebstoff trocken ist, kann Ihr Sohn bzw. Ihre Tochter mit der Schere ein Puzzle mit beliebig vielen Teilen aus diesem Bild schneiden. Wenn es dazu eine Nagelschere benutzt, erhält es abgerundete Puzzleteile.

Tipp 19

WAS HAT SICH VERÄNDERT?

Ein hohes Maß an Aufmerksamkeit verlangt dieses Spiel. Stellen Sie sich vor Ihrem Sohn bzw. Ihrer Tochter auf. Ihr Kind soll Sie ganz genau betrachten. Dann gehen Sie aus dem Zimmer und verändern irgendein mehr oder weniger offensichtliches Detail an Ihrem Aussehen. Sie kämmen Ihr Haar anders, setzen einen Hut auf, ziehen einen anderen Pullover oder andere Schuhe an oder etwas Ähnliches. Dann treten Sie wieder ins Zimmer und fragen: Was hat sich verändert? Wenn Ihr Kind auf diese Weise seine Aufmerksamkeit geschärft hat, lässt sich das Spiel auf Gegenstände übertragen, die immer wieder anders auf dem Tisch oder im Raum arrangiert werden können.

Tipp 20

RADIO-DETEKTIV

Für Erwachsene sind Sendungen im Radio viel interessanter als für Kinder. Wenn Sie Ihrem Kind aber eine Detektiv-Aufgabe stellen, wird es den Worten des Sprechers aufmerksam zuhören. Auf einer Strichliste soll es festhalten, wie oft der Sprecher ein bestimmtes Wort benutzt. Zu Anfang können das einfache Wörter wie etwa „und", „oder" etc. sein, doch das Spiel lässt sich auch variieren, indem auf Wortfamilien (gehen, ausgehen, hingegangen usw.), Wortfelder (gehen, hüpfen, springen usw.) oder Wortkombinationen geachtet werden soll!

Tipp 21

EINE NACHTWANDERUNG

Für Kinder ist es spannend, bei Dunkelheit eine Wanderung durch mehr oder weniger spärlich beleuchtete Straßen, den Garten, einen dunklen Park oder ein Waldstück zu unternehmen. Vor allem im Herbst und Winter, wenn die Sonne früh untergeht, können Sie mit Ihrem Kind einen Nachtspaziergang machen, bei dem es manches neu wahrnimmt und lernt, sich stärker auf seine Sinne zu konzentrieren. Erforschen Sie gemeinsam, welche Eindrücke in der Dunkelheit verstärkt werden. Das eigene Atmen und Schritte sind besser zu hören, man achtet mehr auf den Boden, auf den man tritt, auf die Gerüche, die in der Luft liegen, auf Wind und Temperatur. Auch Töne spielen jetzt, da der Sehsinn so stark eingeschränkt ist, eine deutlich größere Rolle. Vor allem in Nächten, in denen Wolken Sterne und Mond verdecken, sind Büsche, Bäume und Geländeformen nur schemenhaft wahrzunehmen. Achten Sie darauf, dass Ihr Kind sich bei einem solchen Nachtspaziergang nicht fürchtet, sondern sich ganz auf die ungewohnten Eindrücke konzentrieren kann. Nehmen Sie auf jeden Fall eine Taschenlampe mit, damit Sie auch in ganz dunklen Nächten einem unheimlichen Rascheln auf die Spur kommen können und sicher wieder zurückfinden.

2. Alles in Action: Bewegung und Konzentration

Für viele oder sogar die meisten Kinder ist es sehr schwer, sich auf eine konzentrierte Arbeit oder ein ruhiges Spiel einzulassen, wenn sie gleichzeitig einen unbändigen Bewegungsdrang verspüren. Sich austoben und überschüssige Energie abbauen zu können ist also eine wichtige Voraussetzung für Ruhe und Konzentration. Doch das kindliche Bewegungsbedürfnis hat noch weitergehende Aspekte. Ihr Kind lernt auf diese Weise seinen Körper kennen, es verbessert mit dem Körpergefühl auch die Selbstwahrnehmung und -einschätzung. Ausreichende Erfahrungen und Fähigkeiten bei Koordination und Gleichgewicht sowie grob- und feinmotorische Fertigkeiten sind wichtige Voraussetzungen dafür, dass sich Ihr Kind eingehend mit

einer Sache beschäftigen und sich auf etwas gezielt konzentrieren kann. Körpererfahrung, breite Spiel- und Aktivi-
tätsmöglichkeiten und die Kombination aus Bewegung, die
aufmerksames Zuhören oder Tun vorbereitet, ist für alle Kinder eine geeignete Methode, zur Konzentration zu finden.

Tipp 22

GANGARTEN

Im Freien oder in einem großen Raum bewegen Sie sich mit Ihrem Kind zu einer nicht allzu schnellen Musik auf verschiedene Arten. Wenn kein Kassettenrekorder verfügbar ist, können Sie auch den Takt mit den Händen klatschen. Zunächst wird frei umher gehüpft, mit großen Schritten und schlenkernden Armen. Danach geben abwechselnd Ihr Kind und Sie vor, welche Gangart eingeschlagen wird, z. B. gehen wie ein fröhlicher, frischer Wanderer, wie ein Mann, der einen schweren Sack trägt, wie ein Arbeiter, der eine Werkzeugtasche in der Hand hat, wie eine Frau, die einen Einkaufswagen schiebt, wie jemand, der barfuß über einen steinigen Weg läuft, wie ein alter Mann mit Stock usw.

Tipp 23

FLUGZEUG

Für dieses Spiel wird viel Platz benötigt, denn nun bewegt sich Ihr Kind wie ein Flugzeug durch den Raum. Mit weit ausgestreckten Armen läuft es zunächst langsam wie ein Flugzeug beim Start auf dem Rollfeld. Am besten laufen Sie ebenfalls als Flugzeug vor Ihrem Kind her und geben so das Tempo vor. Nachdem das Flugzeug endlich abgehoben hat, steigt es hoch und immer höher. Es zieht immer weitere Kreise und fliegt jetzt schnell durch die Lüfte. Nach einer Weile mit höchster Geschwindigkeit wird es wieder langsamer, denn nun steht die Landung bevor. Immer langsamer und kleiner werden die Kreise, die das Flugzeug zieht, bevor es schließlich zur Landung ansetzt und ausrollt. Nachdem Ihr Kind seinen Bewegungsdrang ausleben konnte, können Sie die Aufgabe erschweren und das Flugzeug beladen: Legen Sie Ihrem Kind (und sich selbst) einen Bierdeckel auf den Kopf. Während des anschließenden Fluges darf der Bierdeckel nicht herunterfallen.

Tipp 24

WINDKRAFT

Der gezielte Einsatz von selbst erzeugter Windkraft ist die Grundlage dieses Spiels. Auf der glatten Tisch- oder Fußbodenfläche wird ein Wattebausch durch Pusten vorangetrieben. Dabei kommt es aber nicht darauf an, den Wattebausch möglichst schnell wegzupusten, sondern er soll eine bestimmte Strecke auf dem Parkett oder am Tischrand entlang gepustet werden. Ihr Kind soll wohldosierte Pustekraft einsetzen, um den Wattebausch möglichst ruhig, gleichmäßig und auf der festgelegten Bahn zu halten. Statt eines Wattebauschs kann auch eine Erbse oder eine kleine Holzkugel mithilfe eines Trinkhalms gezielt über den Tisch oder den Boden gepustet werden.

Tipp 25

TIERPANTOMIME

Wie bewegen sich die Tiere? Lassen Sie Ihr Kind verschiedene Bewegungsformen von Tieren, die es kennt, ausprobieren. Beginnen Sie, je nach Bewegungsdrang Ihres Kindes, bei großen, behäbigen oder schnellen Tieren. Beispielsweise kann Ihr Kind umherstampfen und trompeten wie ein Elefant, umherrasen wie ein Büffel, durch die Gegend flitzen wie ein Wiesel, Zickzack schlagen wie ein Kaninchen, herumschnüffeln wie ein Hund. Langsam wird zu einer anderen Gangart gewechselt, etwa zu einem trabenden Pferd, einer langsam schreitenden Giraffe, einem einherstelzenden Storch. Schließlich verlegt sich der Schwerpunkt von der aktionsreichen Bewegung auf die Konzentrationsebene, etwa wenn sich Ihr Kind durch die Büsche schleicht wie eine Katze, vorsichtig und langsam umherkriecht wie eine Schnecke oder aufmerksam alles beobachtet wie eine Eule.

Tipp 26

ZEITUNGSLAUF

Geben Sie Ihrem Kind eine große Seite Zeitungspapier, die es mit beiden Händen an zwei Ecken festhalten soll. Im Freien oder in einem großen Raum läuft es nun mit in die Luft gestreckten Armen langsam los. Die Zeitungsseite bewegt sich leicht. Nun läuft Ihr Kind schneller, sodass die Zeitungsseite in der Luft flattert. Nach einer kurzen Verschnaufpause hält sich Ihr Kind die Zeitungsseite vor die Brust und läuft los. Ist eine gewisse Geschwindigkeit erreicht, kann Ihr Kind die Zeitungsseite loslassen, ohne dass sie zu Boden fällt; der Gegenwind drückt sie gegen Brust und Bauch. Ihr Kind wird nun immer langsamer und achtet darauf, wann das Papier zu rutschen beginnt. Zum Schluss des Zeitungslaufs wird die Zeitung wieder an zwei Ecken in die Luft gehalten. Nun soll Ihr Kind ruhig und gleichmäßig umherlaufen, sodass sich das Papier möglichst wenig bewegt.

Tipp 27

MARIONETTEN

Zur Einstimmung auf das Spiel laufen Sie mit Ihrem Kind durch den Raum. Dabei bewegen Sie ab und zu die Gliedmaßen, als ob sie an einem Faden hochgezogen würden. Der Arm reckt sich in die Luft oder der Ellbogen schnellt hoch, das Knie wird angehoben oder die Beine gestreckt hochgeworfen. Experimentieren Sie gemeinsam, wie es aussehen könnte, wenn eine Marionette bewegt wird. Dann stellen Sie sich vor, Ihr Kind sei eine Marionette und Sie sind der Marionetten-spieler. Sie ziehen an imaginären Fäden und bewirken so, dass Ihr Kind Arme oder Beine hebt, vorwärts geht oder mit dem Kopf wackelt. Sie geben an, welche Fäden Sie ziehen (für Arme oder Beine, am Fuß oder Knie, Hand-

gelenk oder Ellbogen), und Ihr Kind konzentriert sich ganz auf Sie. Nach einer Weile klappt das schon ganz gut, und Sie können Ihr Marionettenkind die ersten ungelenken Schritte machen lassen. Nach einer Weile wird gewechselt und Sie werden zur Marionette in der Hand Ihres Kindes.

Tipp 28

MASSAGESPIEL

Ihr Kind liegt in einem warmen Raum bequem lang ausgestreckt mit entblößtem Rücken auf dem Bauch. Es schließt die Augen und konzentriert sich auf die Berührungen. Sie erzählen eine Geschichte, die Sie auf dem Rücken Ihres Kindes mit Ihren Händen malen. Zum Beispiel: Die Sonne scheint warm vom Himmel (mit einer Handfläche ruhig und warm einen Kreis beschreiben). Ein sanfter Wind streicht über das Land (Streichen der Hände kreuz und quer über den ganzen Rücken). Langsam wird der Wind stärker und es ziehen dunkle Wolken auf (stärker über den Rücken streichen). Ein Gewitter naht. Blitze zucken über den Himmel (Zickzacklinien mit den Fingern). Ein dumpfer Donner grollt (Klopfen mit der flachen Hand). Der Wind weht stark. Die ersten Regentropfen fallen (mit einzelnen Fingerspitzen auftippen). Schließlich beginnt es stark zu regnen (mit allen Fingern auftippen). Blätter fallen von den Bäumen (Hände leicht auf den Rücken drücken). Schließlich lässt der Wind nach und das Gewitter verzieht sich. Der Gärtner kommt und recht die Blätter zusammen (Finger zu Harken krümmen und ausgiebig rechen). Da scheint die Sonne wieder und wärmt das Land (mit der Handfläche große Kreise beschreiben).

Tipp 29

TUCHBALLON

Zunächst fassen Sie und Ihr Kind je zwei Enden eines Geschirrtuchs und spannen es. So können Sie gemeinsam einen aufgeblasenen Luftballon immer wieder in die Höhe schleudern. Dann erhält jeder sein eigenes Geschirrtuch, das zweimal längs zusammengefaltet und wieder gespannt wird.

Mit diesem „Schläger" ist es schon schwieriger, den Luftballon zu treffen und gezielt wegzuschleudern. Spielen Sie sich den Ballon gegenseitig zu und probieren Sie mit der Zeit verschiedene Techniken aus: durch bloßes Anspannen des Tuchs den Luftballon wegschleudern, nur ein Tuchende fassen und den Luftballon in die Höhe schlagen usw.

Tipp 30

MATSCHEN KREATIV

Das Spielen und Matschen mit Wasser und Sand ist für Kinder faszinierend und anregend. Egal ob beim Badeaufenthalt an Meer und See oder beim Spielen im Garten und Hinterhof, geben Sie Ihrem Sohn bzw. Ihrer Tochter Gelegenheit, sich nach Herzenslust mit Wasser und Sand zu beschäftigen. Bei warmem Wetter können Sie im Freien mit einem Planschbecken oder auf einer großen Folie den idealen Platz zum Matschen anlegen. Ihr Kind sollte unempfindliche Bekleidung tragen und nicht auf die Kleidung achten müssen. Aus Wasser und Sand lässt sich Matsch in verschiedenster Konsistenz herstellen. Zum Bauen von Burgen ist eine feste Masse mit wenig Wasser geeignet, genauso zum Spielen mit Förmchen oder wenn es darum geht, die Füße oder Beine mit Matsch zu bekleistern. Auf einer Fläche mit flüssigerem Matschschlamm lassen sich mit dem Finger schöne Bilder zeichnen, die mit Naturmaterialien oder Spielzeug ergänzt werden können. Am meisten Spaß macht das Matschen mit anderen Kindern oder zusammen mit den Eltern. Hochkonzentriert sind die Kinder dabei, ihre Ideen umzusetzen und kreativ zu arbeiten.

Tipp 31

FORMENBILDER

Zeichnen Sie mit einer Schablone auf verschiedenfarbigen Tonkarton unterschiedliche Formen auf, also etwa Kreise auf gelben Tonkarton, Rechtecke auf roten, Quadrate auf blauen, Dreiecke auf grünen Karton usw. Dann schneidet Ihr Sohn bzw. Ihre Tochter die Formen mit einer Schere aus. Ihr Kind soll sich dabei Zeit lassen und darauf achten, dass es die Formen möglichst sauber aus-schneidet. Aus diesen vielen bunten „Bausteinen" kann Ihr Kind dann verschiedene große Motive zusammensetzen, beispielsweise ein Haus mit Garten, ein Flugzeug, ein Auto, aber auch ein großes Tier oder ein Gesicht. Auch fantasievolle ungegenständliche Bilder, die einfach dadurch entstehen, dass die verschiedenen Formen aneinander gelegt werden, sind möglich.

Tipp 32

DOMINOSCHLANGE

Statt Dominosteine flach nebeneinander zu legen, wird die Dominoschlange gebildet, indem die Steine aufgestellt werden. Der Abstand zwischen den Steinen ist dabei so groß, dass ein Stein beim Fallen den nächsten umwerfen wird. Probieren Sie gemeinsam mit Ihrem Kind aus, welcher Abstand zwischen den Steinen der beste ist, sodass durch die entstehende Kettenreaktion möglichst alle Steine umgeworfen werden. Dann geht Ihr Kind daran, eine möglichst lange Schlange aus Domino-steinen aufzustellen. Konzentration und eine ruhige Hand sind dabei gefragt, denn eine unbedachte Bewegung könnte vorzeitig die Kettenreaktion auslösen. Sind alle Dominosteine aufgestellt oder hat Ihr Kind keine Lust mehr, die Schlange weiter zu bauen, darf es den ersten Stein kippen und sich daran freuen, wie alle Dominosteine der Reihe nach umfallen. Meist entsteht dann bei Ihrem Kind sofort wieder der Wunsch, eine neue Schlange aufzustellen.

Tipp 33

TRANSPORT

Einen Gegenstand auf der Hand, dem angewinkelten Ellbogen oder auf dem Kopf zu transportieren, verlangt ruhige, gleichmäßige und koordinierte Bewegungen und Konzentration. Je nach Alter und Geschicklichkeit Ihres Kindes legen Sie ihm auf die ausgestreckte Hand, den Ellbogen oder den Kopf einen Bierdeckel, der nun so lange wie möglich dort liegen bleiben soll. Führen Sie nun Ihr Kind durch die Wohnung bzw. das Haus oder auch draußen durch den Garten. Sie gehen voran und geben so das Tempo und den Weg vor, Ihr Kind folgt Ihnen und balanciert dabei den Bierdeckel. Noch mehr Spaß haben Sie beide an dem Spiel, wenn auch Sie selbst einen Bierdeckel balancieren. Überlegen Sie gemeinsam, welche Gegenstände noch auf diese Art transportiert werden könnten, vielleicht ein Heft, ein kleines Buch, ein Stift, ein Ball usw.

Tipp 34

VON STEIN ZU STEIN

Verteilen Sie in einem freien Raum oder draußen im Garten bzw. Hof auf dem Boden einige Bierdeckel. Sie stellen Steine in einem Bach dar, auf die Ihr Kind nun treten muss, wenn es den Bach überqueren will, ohne nass zu werden. Diese „Trittsteine" liegen in unterschiedlicher Entfernung auseinander, sodass Ihr Kind mal größere, dann wieder kleinere, gezielte Schritte machen muss. Zunächst sollte es seine Aufmerksamkeit darauf richten, möglichst sicher über die Trittsteine zu gelangen. Gelingt das ganz gut, können die Anforderungen und damit der Reiz des Spiels erhöht werden. Nun muss es schneller den Bach überqueren, oder es werden ein paar Bierdeckel entfernt, sodass es schwieriger wird, von einem Stein zum nächsten zu gelangen.

Tipp 35

KÄSTCHEN HÜPFEN

Mit bunten Kreiden zeichnen Sie gemeinsam mit Ihrem Kind Hüpfekästchen auf die Hoffläche. Die Kästchen können auch mit Sand oder Ästen begrenzt werden. Dann wird festgelegt, in welcher Reihenfolge und auf welche Art die Kästchen durchhüpft werden müssen. Zunächst ganz einfach der Reihe nach mit beiden Beinen, dann vielleicht abwechselnd mit dem linken und rechten Bein, anschließend vielleicht auf einem Bein. Bei einem weiteren Durchgang wird mit einem Steinchen markiert, welche Kästchen übersprungen werden müssen. Mit der Zeit wird das Durchhüpfen der Kästchenfigur immer schwieriger, und Ihr Kind muss sich ganz darauf konzentrieren, keinen Fehler zu machen.

Tipp 36

SCHLANGE TRETEN

Ein Hüpfseil ohne Handgriffe oder ein anderes einfaches Seil stellt in diesem Spiel, das am besten draußen gespielt wird, die Schlange dar. Sie halten das Seil an einem Ende fest und bewegen es so hin und her, dass es sich wie eine Schlange über den Boden schlängelt. Ihr Sohn bzw. Ihre Tochter muss nun versuchen, mit dem Fuß auf die Schlange zu treten. Das ist gar nicht so einfach, weil die Bewegungen der Schlange schnell und nicht leicht vorauszuberechnen sind. Gelingt es Ihrem Kind, die Schlange zu erwischen, darf es selbst die Schlange bewegen und Sie müssen versuchen, auf die Schlange zu treten.

Tipp 37

WIPPBRETT

Beim Wippbrett spielen grob- wie feinmotorische Bewegungsabstimmungen, Konzentration und Gleichgewichtsgefühl eine große Rolle. Legen Sie ein kurzes, stabiles Brett über einen Stein oder einen Stock. Ihr Sohn bzw. Ihre Tochter stellt sich nun mit gegrätschten Beinen auf dieses Brett. Durch Verlagerung seines Körpergewichts kann Ihr Kind nun das Brett von der einen Seite zur anderen kippen lassen. Mit dieser einfachen Wippbewegung beginnt das Spiel. Ihr Kind soll nun versuchen, das Wippbrett möglichst in der Balance zu halten. Mit den Armen rudernd und den Oberkörper hin und her wiegend wird es versuchen, beide Brettenden in der Luft zu halten. Je nach Größe des Bretts und Auflagefläche auf dem Ast ist das eine schwierige, aber spannende und konzentrationsfördernde Herausforderung.

Tipp 38

LÖFFELMIKADO

Löffel der verschiedensten Arten und Größen, aber auch Salatbesteck und ähnliche ungefährlichen, nicht scharfen oder spitzen Besteckteile werden zusammengetragen. Dann werden sie in der Tischmitte zu einem großen, möglichst hohen Haufen kreuz und quer übereinander gelegt. Sie beginnen nun, einen Löffel aus dem Mikadohaufen zu nehmen, ohne dass sich die anderen Besteckteile rühren. Das erfordert Vorsicht und ist ganz schön schwierig. Wem es gelingt, ohne das leiseste Besteckklirren einen Löffel wegzunehmen, der darf ihn vor sich auf den Tisch legen. Wer jedoch ein Geräusch verursacht, muss sein Besteckteil wieder auf den Haufen legen. Dann ist Ihr Kind an der Reihe. Langsam und unter angespannter Stille wird der Besteckhaufen immer kleiner.

Tipp 39

BALANCEPARCOURS

Aus ein paar Brettern, Hockern und Getränkekisten lässt sich ein richtiger Balanceparcours zusammenstellen. Stellen Sie mehrere Getränkekisten (Boden nach oben) und niedrige Hocker auf und verbinden sie diese mit verschieden breiten Brettern. Die Bretter sollten stark genug sein, damit Ihr Kind sicher darüber gehen kann. Je länger der Weg ist, desto spannender ist er zu gehen. Auch kleine Gefälle und Steigungen machen ihn interessanter. Ihr Kind balanciert nun konzentriert und achtsam über diesen Parcours. Schritt für Schritt geht es voran und Sie nebenher, denn wenn es sich unsicher fühlt, sollte es Ihnen die Hand reichen bzw. sich immer an Ihnen abstützen können.

Tipp 40

BIERDECKEL-MUMIE

Bei diesem Partnerspiel legt sich das Kind rücklings auf den Boden und sucht eine bequeme Stellung. Es muss nun möglichst ruhig liegen bleiben und flach atmen, Sie legen nach und nach so viele Bierdeckel wie möglich auf Ihr Kind. Dazu sind Konzentration und gezielte Bewegungen nötig, denn die Bierdeckel müssen so platziert werden, dass sie nicht abrutschen. Schließlich sieht Ihr Kind aus wie eine Mumie, die statt in Stoffstreifen eingewickelt über und über mit Bierdeckeln bedeckt ist. Wenn kein Platz mehr für

einen weiteren Bierdeckel ist, erwacht die Mumie zum Leben. Sie schüttelt alle Bierdeckel ab, springt auf und hüpft umher. Dann werden die Rollen gewechselt und Sie legen sich auf den Boden.

Tipp 41

PENDELN

Ihr Kind steht mit leicht gegrätschten Beinen aufrecht da. Dann bewegt es sich lang-

sam wie ein Pendel vor und zurück, erst ganz wenig, dann immer stärker. Es soll für sich eine Stärke der Pendelbewegung finden, die nicht zu stark und nicht zu schwach ist und sich angenehm anfühlt. Wenn es diese Pendelstärke gefunden hat, kann es ein paar Mal mit geschlossenen

Augen vor- und zurückpendeln und wieder zum Stillstand kommen. Dann wird zur Seite gependelt, zunächst wieder in unterschiedlicher Intensität und am Schluss ein paar Mal mit geschlossenen Augen.

Tipp 42

HAMPELMANN UND ZINNSOLDAT

Koordinierte Bewegungen und Überkreuz-Bewegungen sind in der Kinesiologie wichtig, da durch sie die beiden Gehirnhemisphären stärker miteinander in Verbindung treten. Spielen Sie mit Ihrem Sohn bzw. Ihrer Tochter Hampelmann (oder Hampelfrau). Ihr Kind steht mit leicht gegrätschten Beinen da, die Arme hängen seitlich herab. Es hüpft, kommt mit geschlossenen Beinen zum Stehen und klatscht gleichzeitig die Hände über dem Kopf zusammen. Dann hüpft es wieder zurück, die Beine sind gegrätscht und die Arme fallen an den Seiten herunter. Untermalt mit Musik und gemeinsam mit Ihnen macht das Ihrem Kind viel Spaß.

Beim Zinnsoldaten geht es darum, wie ein Soldat zu marschieren. Zunächst bewegt

sich Ihr Kind im Stand: Das rechte Knie wird angehoben und mit der linken Hand berührt. Dabei pendelt der rechte Arm locker zurück. Dann wird das linke Knie angehoben und mit der rechten Hand berührt. Nachdem sich der Zinnsoldat „warm gelaufen" hat, marschiert er los. Der rechte Arm schwingt nach vorn, während das linke Bein durchgestreckt angehoben wird und umgekehrt.

Zum Abschluss des Spiels soll Ihr Sohn bzw. Ihre Tochter mit dem ausgestreckten Arm ein paar Mal am Stück eine große liegende Acht in die Luft malen, zuerst mit der linken Hand, dann mit der rechten Hand. Begonnen wird dabei im Mittelpunkt der Acht mit dem Schwung nach oben.

Tipp 43

TANZ DER FARBEN

Für dieses Spiel brauchen Sie Tücher in möglichst vielen verschiedenen Farben. Am besten eignen sich nicht allzu große, leichte Chiffontücher. Gemeinsam mit Ihrem Kind betrachten Sie nun die Tücher und legen fest, welche Farbe am besten zu welcher Bewegungsart passt. Das heitere Gelb beispielsweise kann leichtes Hüpfen bedeuten, das kräftige Rot heißt schnelles Laufen, intensives Blau steht für ruhiges Gehen, Braun für langsames Schreiten usw. Ihr Kind nimmt nun ein Tuch nach dem anderen zur Hand und tanzt mit ihm auf die festgelegte Weise durch den Raum. Wenn alle Bewegungsarten durchgespielt werden, nehmen Sie die Tücher in die Hand. Ihr Kind achtet nun darauf, welche Farbe Sie hochhalten, und bewegt sich auf die entsprechende Art mal schnell, mal langsam.

Tipp 44

SCHLEICHEN WIE EINE KATZE

Eine Konzentrationsgeschichte, bei der Ihr Sohn bzw. Ihre Tochter auch mitmachen und die Bewegungen einer Katze nachahmen kann. Vom aktiven Geschehen kommt Ihr Kind auf diese Weise Schritt für Schritt zu einer gebündelten Aufmerksamkeit.

Die kleine Katze tollt ausgelassen umher. Sie hüpft durchs Gras, schlüpft durch die Hecken und springt an einem Baum hoch. Überall gibt es viel zu entdecken und sie lässt sich durch alles Mögliche ablenken. Sie läuft einem Schmetterling hinterher, der über die Wiese schwebt, hüpft hoch, um eine Fliege zu erwischen, die vorbeibrummt, und schaut neugierig den Vögeln hinterher, die am Himmel fliegen. Doch was ist das? Die kleine Katze hört plötzlich ein Rascheln unter den Blättern. Wie erstarrt bleibt sie stehen und lauscht, woher genau dieses Geräusch kommt. Langsam dreht sie den Kopf. Sie entspannt sich und geht behutsam auf einen Blätterhaufen zu. Sie will wissen, wer oder was dieses Rascheln verursacht. Aufmerksam und mit ganz langsamen Bewegungen schleicht sie sich heran. Alles andere ist jetzt unwichtig. Die Schmetterlinge, Fliegen und Vögel, all das beachtet die kleine Katze nicht mehr, denn sie schenkt ihre ganze Aufmerksamkeit dem Blätterhaufen, unter dem sich irgendetwas bewegt. Die kleine Katze setzt sich aufrecht neben den Blätterhaufen und beobachtet ihn. Tatsächlich, es raschelt und die Blätter bewegen sich. Der ganze Blätterhaufen scheint sich auf einmal zu bewegen, und da taucht auch schon ein Kopf zwischen den Blättern auf. Ein Igel, der hier tagsüber schläft, ist aufgewacht und schaut sich um. Gespannt beobachtet die kleine Katze dieses komische Tier. Sie stellt sich auf alle viere, reckt den Kopf vor und schnuppert vorsichtig an dem stacheligen Gesellen. Der lässt sich davon nicht beeindrucken. Er schüttelt sich, schnauft ein paar Mal laut und dreht sich wieder um. Er will weiterschlafen unter den Blättern, denn er ist die ganze Nacht unterwegs gewesen. Scharrend und schnaufend verschwindet er im Blätterhaufen. Die kleine Katze wundert sich, schnüffelt noch ein bisschen an den Blättern und geht dann langsam weiter. Sie ist nicht mehr aufgeregt und geht jetzt aufmerksam und ruhig durch den Garten. Vielleicht entdeckt sie ja noch ein paar interessante Dinge.

Tipp 45

ATEMKONZENTRATION

Der gleichmäßige Lauf des Atems, das regelmäßige Ein- und Ausatmen hat einen ausgeprägt beruhigenden und konzentrationsfördernden Aspekt. Ihr Kind soll zunächst genug Zeit und Gelegenheit haben, sich nach Herzenslust auszutoben. Danach ziehen Sie sich mit Ihrem Kind in einen warmen, ruhigen Raum zurück. Es soll sich bequem auf den Rücken legen und die Augen schließen. Sie lenken seine Aufmerksamkeit auf das Atmen, mit dem es von störenden Gedanken und Ablenkungen befreit wird und sich Atemzug um Atemzug besser konzentrieren kann.

Atme durch die Nase, ruhig und langsam. Der Atem strömt ein – und wieder aus – ein – und wieder aus, ganz gleichmäßig. Achte einfach auf deinen Atem, ohne ihn zu verändern. Beobachte, wie er einströmt und wieder ausströmt.
Der Atem geht tief in den Bauch, und er kommt von ganz unten zurück. Atme tief ein – und wieder aus. Tief ein – und wieder aus. Stell dir einen Strand am Meer vor. Eine große Welle kommt an und rauscht auf den Strand. Beim Ausatmen hörst du das Rauschen der mächtigen Welle, beim Einatmen ist alles still und das Meer zieht sich

zurück. Dein Atem hat die Kraft des Meeres. Die Welle braust heran, und still atmest du wieder ein. Das Meer sammelt wieder Kraft, bevor es eine neue, mächtige Welle schickt. Das Ausatmen ist die große Welle, das Einatmen die Stille zwischen den Wellen. Du sammelst Kraft beim Einatmen und schickst eine Welle beim Ausatmen weg, du atmest ein – und wieder aus.
Die Luft strömt durch die Nase ein – und strömt langsam wieder aus dir heraus. Stell dir vor, du atmest weiße Luft ein – und graue Luft wieder aus. Schöne weiße Luft strömt in dich hinein – und verbrauchte Luft aus dir heraus. Die weiße Luft bringt dir Energie – und die graue nimmt alles Überflüssige wieder mit. Gute Ideen kommen mit der weißen Luft – und Schlechtes geht mit der grauen Luft aus dir heraus. Du atmest ein – und der Ärger fließt beim Ausatmen aus dir heraus. Alles, was dich stört, atmest du einfach weg. Alle Ablenkung verschwindet – und die Konzentration kommt. Noch einmal atmest du ein – und bist jetzt ganz konzentriert und ruhig.

3. Die Basics: Rituale und Regeln, die beim Konzentrieren helfen

Gerade für Kinder, die sehr lebhaft sind und sich leicht ablenken lassen, sind feste Abläufe und geregelte Zeiten wichtig. Immer wiederkehrende Rituale helfen, den Tag zu strukturieren und bieten sichere Ankerplätze im Meer der Erlebnisse und Eindrücke, die ein Tag so mit sich bringt. Einem Kind, das von einer Beschäftigung zur nächsten, von einem angefangenen Spiel zum anderen hastet, entgeht das befriedigende Gefühl, etwas geschafft und zu Ende gebracht zu haben. Ohne Erfolgserlebnisse aber lässt die Motivation erst recht nach, bei einer Sache zu bleiben. Sorgen Sie deshalb mit ein paar kleinen Hilfen dafür, dass

Ihr Kind „bei der Stange bleibt", loben Sie es, wo immer möglich, schaffen Sie positive Anreize und verhelfen Sie ihm zu Erfolgserlebnissen, indem Sie sein Engagement und seine Aufmerksamkeit positiv verstärken. Schon bald wird es Ihre kleinen Hilfen nicht mehr nötig haben und Befriedigung allein beim gemeinsamen Spiel mit anderen und durch fertig gestellte Aufgaben oder Bastelarbeiten in eigener Regie erhalten.

Tipp 46

STUHLKREIS

Gerade für unkonzentrierte und unruhige Kinder ist es wichtig, dass sich die ganze Familie mindestens einmal am Tag zusammensetzt und in Ruhe bespricht, was für diesen oder den nächsten Tag geplant ist, wer wo hingeht und welche Aufgaben anfallen. Am besten ist es, wenn die Familie morgens und abends zusammenfindet und so gemeinsam eine Vorausplanung und einen Rückblick vornimmt. Alle Familienmitglieder sitzen dabei in einem Stuhlkreis frei zueinander, es sollte kein Tisch zwischen ihnen stehen. Dieser Stuhlkreis stellt einen Ruheanker dar, der auch an hektischen Tagen allen erlaubt, Luft zu holen, sich auf sich selbst zu konzentrieren, über das Geschehene zu sprechen und das Geplante zu diskutieren.

Tipp 47

LEISE KONTRA LAUT

Bei sehr unruhigen und unkonzentrierten Kindern sind Ermahnungen oft wirkungslos und vermitteln ihnen das Gefühl, kritisiert zu werden. Besser ist es, die Aufgeregtheit und das hohe Aktionsniveau mit betont ruhigen Worten und langsamen Bewegungen abzufangen. Je lauter und aufgeregter Ihr Kind erzählt und gestikuliert, je wilder es durch den Raum läuft, desto leiser und ruhiger sollten Ihre Fragen und Reaktionen sein. Setzen Sie der Hibbeligkeit und Zappeligkeit Ihres Kindes ruhige Bewegungen und leise Töne entgegen. Eine beschwichtigende Geste oder eine liebevolle Ermahnung zu etwas mehr Ruhe können zwischendurch nicht schaden, aber Sie sollten Ihr Kind nicht andauernd dazu anhalten, sich ruhig hinzusetzen und langsam zu reden. Geben Sie nonverbal ein Beispiel für Ruhe und konzentriertes Tun, es wird nicht wirkungslos bleiben.

Tipp 48

ALLES IN ORDNUNG!

Um sich in Ruhe einer Beschäftigung widmen zu können, brauchen manche Kinder eine Vergewisserung, dass sie „nichts verpassen" und alles seinen alltäglichen Gang geht. Führen Sie also den Alles-in-Ordnung-Rundgang ein: Wenn Ihr Kind unruhig wird und sich nicht mehr auf Spiel oder Hausaufgaben konzentrieren kann, soll es einmal durch die ganze Wohnung bzw. durchs Haus gehen und in jeden Raum schauen. Es soll die Tür öffnen, sich im Raum umschauen und für sich „alles in Ordnung" registrieren. Befindet sich jemand im Raum, dann bestätigt derjenige kurz mit einem Nicken oder einer anderen kurzen

Geste, dass alles in Ordnung ist. Nach diesem Rundgang soll sich Ihr Kind nun wieder konzentriert seinem Spiel oder seiner Aufgabe widmen.

Tipp 49

TÜR ZU

Ein ganz einfaches Mittel, sich vom Trubel des Familienlebens abzugrenzen, ist das Schließen der Tür. Treffen Sie mit Ihrem Sohn bzw. Ihrer Tochter die Vereinbarung, dass eine geschlossene Tür das Zeichen für Ungestört-sein-Wollen, konzentriertes Spielen oder Arbeiten ist. Alle haben es zu respektieren, wenn die Tür zum Kinderzimmer oder zum Arbeitszimmer geschlossen ist. Wer herein will, muss klopfen und sein Kommen ankündigen, sollte aber nur dann stören, wenn er wirklich einen Grund hat. Das Schließen der Tür sollte von Ihrem Sohn bzw. Ihrer Tochter ausgehen, Sie sollten Ihrem Kind lediglich den Vorschlag machen, nicht aber selbst die Tür schließen, Ihr Kind „einsperren" und zum konzentrierten Tun „verdonnern".

Tipp 50

AUSTOBEZEIT

Der Bewegungsdrang vor allem bei kinetisch sehr aktiven Kindern macht es notwendig, tagsüber mehrere „Austobezeiten" einzuplanen. Egal welches Wetter herrscht, gehen Sie mit Ihrem Sohn bzw. Ihrer Tochter nach draußen oder verschaffen Sie Ihrem Kind im Haus die Möglichkeit, sich nach Herzenslust zu bewegen, zu hüpfen, umherzuturnen und laut zu sein. Spiele oder Arbeiten, bei denen Konzentration gefordert sind, sollten nie „unausgetobt" begonnen werden. Berücksichtigen Sie, dass sich Kinder im Alter von 5 bis 7 Jahren nur etwa 15 Minuten lang konzentrieren können, dann brauchen Sie eine Entspannungs- oder Austobepause. Solche aktiven Unterbrechungen können durchaus auch als Motivationshilfe eingesetzt werden, damit es Ihrem Kind leichter fällt, noch ein bisschen bei der Sache zu bleiben.

Tipp 51

PUNKTELISTE

Aufmerksam bei der Sache zu bleiben und konzentriert ein Spiel oder eine Arbeit zu Ende zu bringen ist für manche Kinder sehr schwer. Helfen kann dabei ein kleines Belohnungssystem, bei dem Ihr Kind Punkte dafür bekommt, wenn es bis zum Ende „am Ball bleibt". Damit dieses System erfolgreich ist, müssen Sie es in enger Abstimmung mit Ihrem Kind anwenden und dürfen es nicht dazu missbrauchen, Ihr Kind unter Druck zu setzen. Es sollte ganz klar sein, dass es wünschenswert ist, wenn es ein Spiel zu Ende mitspielt, beim Vorlesen oder Bilderbuchschauen bis zur letzten Seite dabeibleibt oder das Bild fertig malt. Als Belohnung dafür gibt es neben einem dicken Lob obendrauf einen Punkt, und bei einer gewissen Anzahl Punkte hat Ihr Kind einen kleinen Wunsch frei. Wenn Sie Ihr Kind jedoch unter Zwang setzen und nur mit Punkten positive Anreize setzen, kann es sein, dass es eine Verweigerungshaltung einnimmt und so noch weniger Motivation hat, sich zu konzentrieren.

Tipp 52

TIME-OUT

Nur wenn Ihnen die Zappeligkeit und Unkonzentriertheit Ihres Kindes absolut zu viel wird und Sie nicht mehr mit besonnener Ruhe reagieren können, sollten Sie zum Time-Out greifen. Bei dieser „Auszeit" verbringt Ihr Kind ein paar Minuten an einem ruhigen Ort, etwa in seinem Zimmer oder in einem anderen Raum, in dem sich gerade niemand befindet, und hat so Gelegenheit, zur Ruhe zu kommen und nachzudenken. Sie können ihm dabei eine Uhr oder einen kleinen Küchenwecker mitgeben, der auf 3 oder 5 Minuten eingestellt ist. Genauso gut aber kann Ihr Kind selbst entscheiden, wann es wieder ruhiger geworden ist und zurückkehren will.

Tipp 53

ABLENKUNGEN AUSSCHALTEN

Wer konzentriert ist, lässt sich kaum ablenken, doch wer dauernd abgelenkt wird, kann sich nicht konzentrieren. Eine Grundvoraussetzung, damit sich Ihr Kind konzentrieren lernt, ist Ruhe. Schalten Sie Fernsehgerät und Radio ab, wenn sich Ihr Kind in gemeinsamen Räumen mit anderen Dingen beschäftigt; eine Hintergrundberieselung kann nur störend wirken. Bevor sich Ihr Kind einem Spiel widmet, sollte es (anfangs gemeinsam mit Ihnen) zunächst Ordnung schaffen. Dann kann es sich gezielt das Spielzeug oder die Bastelutensilien zusammensuchen, die es braucht. Dasselbe gilt, wenn Ihr Sohn bzw. Ihre Tochter in die Schule kommt. Ein aufgeräumter Arbeitsplatz und die Lernmaterialien für jeweils nur ein Schulfach auf dem Tisch helfen, sich auf immer nur eine Sache zu konzentrieren.

Tipp 54

UMZIEHEN

Auch Kleidung kann einem Kind signalisieren, dass es sich nun aufgehoben, zu Hause fühlen und sich in Ruhe seinen Spielen oder Aufgaben widmen kann. Dabei ist es wichtig, dass nicht nur die Straßenschuhe gegen Hausschuhe ausgetauscht werden, sondern dass Ihr Sohn bzw. Ihre Tochter auch eine möglichst bequeme Zu-Hause-Kleidung anzieht. Die Hose und der Pullover, in denen Ihr Kind draußen umhergetobt oder im Kindergarten bzw. der Schule Stress, Streit und Action mitgemacht hat, werden ausgezogen und beiseite gelegt. Allein das Ritual des Umziehens verdeutlicht eine beginnende neue und ruhigere Phase im Tageslauf.

Tipp 55

DER KONZENTRATIONSBÄR

Eine kleine Puppe, ein Bär oder ein anderes Lieblingstier Ihres Kindes kann bei der Konzentration helfen. So ein Konzentrationsbär ist immer bei der Sache, schaut aufmerksam und interessiert zu, ohne zu stören. Der Bär sollte einen festen Platz im Spielzimmer oder beim Arbeitstisch bekommen, von dem aus er alles gut sehen kann. Bei manchen Spielen kann er von Ihrem Kind mit einbezogen werden, bei anderen schaut er einfach zu und lässt sich geduldig erklären oder vormachen, was gerade gespielt oder gebastelt wird. Lassen Sie sich regelmäßig von Ihrem Kind zeigen und erzählen, was es gemacht, gespielt oder gebastelt hat. Beziehen Sie dabei den Konzentrationsbären mit ein, fragen Sie, ob er auch immer bei der Sache war und ob ihm das Spiel genauso wie Ihrem Kind Spaß gemacht hat.

© 2002 Christophorus-Verlag GmbH
Freiburg im Breisgau

Alle Rechte vorbehalten
Printed in Germany

ISBN 3-419-53437-X

Cover und Layoutentwurf: Network!, München
Layout und Gesamtproduktion: smp, Freiburg
Lektorat: Anima Kröger, Freiburg
Fotos: Ulrich Niehoff: S. 3, 20; Peter Schmidt: S. 5; Jutta Weser: S. 40
Titelfoto: Hartmut W. Schmidt
Illustrationen: Klaus Puth, Frankfurt
Druck: Himmer, Augsburg

WEITERE TIPPS...

wie Ihr Kind sich besser konzentrieren kann

Brigitte Wilmes-Mielenhausen
Zeig mir, wo die Stille wohnt
ISBN 3-419-53304-7
€ 12,90 / sFr 23,50

Monika Murphy-Witt
Wie Zappelkinder ruhig
werden
ISBN 3-419-53313-6
€ 12,90 / sFr 23,50

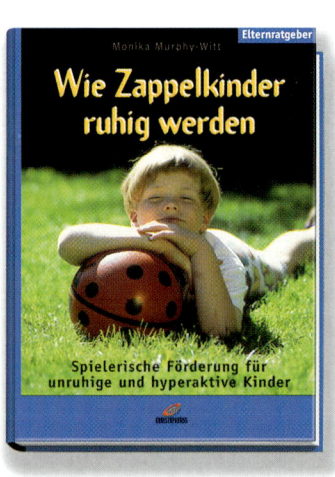